ediciones carena

ALBERT SALMERÓN COJO

MI ÚLTIMO VERSO

Primera edición: marzo de 2024

© Albert Salmerón Cojo, 2024
© Ediciones Carena, 2024

Ediciones Carena
c/Alpens, 31-33
08014 Barcelona
T. 934 310 283
info@edicionescarena.com
WWW.EDICIONESCARENA.COM

Diseño y maquetación: Adrián Vico
Corrección: José Membrive

Depósito legal B 6097-2024

ISBN 978-84-19890-25-2

Impreso en España - Printed in Spain

Prólogo

El amor es fácil o es imposible. Como otras tantas cosas de la vida.

Se trabaja, se madura, se enriquece. Se deja, se enmaraña, se empobrece.

Al final... ¡para qué tanto lío y angustias!, ya que «si tienen que ser rosas, florecerán». Mejor, pues, dejar que las cosas pasen. Y ya veremos. Fluir o no fluir, esa es la cuestión.

El tiempo, los años pasados, nos quitan presión y nos dan serenidad y sabiduría para con las relaciones amorosas (es de suponer... mucho suponer). A cambio, vamos dejando por el camino aquel sentimiento del primer amor, esa «rauxa» vivencial, ese chute de energía.

Nuestro autor, Albert Salmerón, ha querido compartir el «minuto y resultado» de su vivencia con el amor y el desamor. Ha anotado todos los sentimientos vividos a modo de cuaderno de bitácora, tal y como nos indica. Este es un buen ejercicio para expresar sentimientos encontrados, lanzarlos a bocajarro sobre un papel en blanco y poderlos revivir con una pequeña, pero significativa distancia, como si de un frontón se tratara. Un método que al autor le sirve para entender el porqué de una ruptura (con esa duda que martillea constantemente el alma: «¿qué he hecho mal?») y le sirve para revivir momentos y emociones que uno no quiere perder de vista. Pero sobre todo le sirve, nos sirve, para vivir, experimentar, sufrir y compartir el dolor del desamor. Este dolor, como otros, no puede esquivarse. Forma parte de la vida. Hay que encararlo, de cara o de culo. Con o sin valentía. Como sea. Y es que a veces no hay porqués que valgan. Ni vueltas atrás. Ni reencuentros futuros, aunque los deseemos con toda la fuerza. Lo dicho: fluir o no fluir, esa es la cuestión. Y una vez aceptado, una vez asumido, una vez padecido… ahí nace una nueva esperanza.

IVAN PERA ITXART

Prefacio

A mi querido lector:

Para empezar, quiero anunciar mi fortuna por ver realizado el sueño de la publicación de este libro. Mas debo informar de que esta obra no es un poemario a pesar de que la hayan catalogado como tal (pues bien es sabido el dichoso empeño que tiene el ser humano de clasificarlo todo pese a que ello conlleve al error). Personalmente, lo considero como un cuaderno de bitácora que podría haber sido escrito por ti, o por ella, o por él, o por cualquiera. Este manuscrito no fue escrito con un fin personal, pues el amor es un sentimiento libre. Así pues, mientras leéis mis versos, sed libres para pensar en quien más deseéis.

Y aunque variadas son las temáticas y los sentimientos que hallaréis en su interior, también variados son los astros que reúne nuestro universo, variadas son las playas y calas de nuestro planeta, o las montañas y montes de nuestras hermosas tierras. Pero, a pesar de la variedad, siempre debe haber un tema principal y, como un pedúnculo floral, mis bagatelas se sostienen mediante el amor o (des)amor.

Y es ese amor que impera en lo eterno, en nuestras almas de forma permanentemente indigna. Ese amor frustrantemente frustrado que renuncia a la dignidad humana del consciente para alimentar fervientemente nuestro subconscientemente. Ese amor que se retroalimenta de recuerdos del pasado, pero también de pensamientos futuros, como un simbionte proveniente del alma. Es el amor, pues, la principal fuerza del cambio interior, aquella fuerza que te hace ser mejor, y renunciar a los placeres baldíos.

Aunque, para ser sincero, temo que ese "amor constante más allá de la muerte", que profetizaba Quevedo, se está perdiendo en nuestra sociedad. Temo que el amor se haya banalizado en un sentimiento prosaico sin opción al verso libre, al deseo de luchar por un amor más fuerte.

Si tú, mi buen lector, gozas de un buen amor entonces estas poesías serán un canto a la infeliz libertad de un espíritu errante en un mundo desesperanzador. Por el contrario, si las desdichas devoran tu alma ingrata, quiero que tomes esta obra como un compañero de viaje y que te auxilies en estas páginas. Aun así, por norma moral, me siento obligado a advertir que estos poemas aguardan secretos bajo llave que esperan ser resueltos como acertijos.

Y recordad, lectores: amad y sed amados. Amad, porque el amor es la más hermosa y a la vez la más espantosa bendición que se nos ha sido concedida. Así que amad y luchad por lo que amáis, pues de lo contrario, no hallaréis felicidad en vuestro camino. Por ello, os pido que jamás perdáis la esperanza en el amor.

A.S.C.

Día 1 —El principio del fin.—

Roto.

Día 2 —Hoy pensé en todo el tiempo que hemos estado juntos.—

Mis tormentos te he llorado
por huir de la codicia.
Las tormentas acarician
mi rostro sofocado.

Pero cupido es caprichoso
y por mi error ardo ahogado
de un lamento inesperado
dulcemente doloroso.

Solo en ti viven mis memorias,
solo tu rostro por completo me olvida
llorando fuego helado.

Pues la muerte trae gloria
a la pasión perdida
del polvo enamorado.

Día 3 —Hoy soñé con ella.—

Mi vida arde entre los
infiernos de luz,
pues de tus memorias
nace el cielo más oscuro.

Recuerdo antes. Antes,
tu voz yacía conmigo
y tus ojos enamorados
me enrojecían de pasión.

Recuerdos y recuerdos
que tal vez nunca volverán,
(¿Quién sabe?) solo a Dios
y al destino les ruego.

Inmaduro e inepto,
desagradecido fui
y melancólico pago mis errores con
mil lágrimas en cada uno.

Nunca es tarde, dicen;
y la esperanza es lo último
que se pierde. Solo ruego a
Cupido que el pasado retorne.

Recuerdo ahora. Ahora,
que sin ti ando perdido,
que sin ti vivo maldito
invocando tu nombre hasta el fin:
Nereida.

Día 4 —Tengo miedo al reemplazo.—

Oh, ingrato tiempo,
maldigo tu eterna paciencia.
Oh, amado tiempo,
suplico tu misericordia.

Nado en mis memorias,
sumergiendo mi vida en lo irreal.
Y dándome cuenta de la realidad,
no queda más que la derrotada
aceptación.

¿Qué fue de ella?
¿Qué fue de su voz? ¿de su mirada?
¿Qué fue de mi reemplazo?
¿Qué fue de su corazón?

Oh, ingrato tiempo,
maldigo tu eterna paciencia.
Oh, amado tiempo,
suplico tu misericordia.

Dándome cuenta de mis errores
cabo en mis profanos adentros
buscando redención al pecado
para volver a empezar con ella.

Que las Grayas se apiaden de mí,
uniendo de nuevo nuestros hilos
en el tapiz del destino.

Día 5 —He vuelto a soñar con ella.—

Tiempo. Tiempo en el aire, en la vida, en la esperanza.
Tiempos que duelen, que escuecen, que matan y atormentan.

Es en el despertar cuando
tu presencia anhelo más que
nunca;
es en los sueños
—azar incontrolable de vida—,
cuando podemos amarnos
eternamente.

¿Quién habría osado hablarnos de tiempo a
nosotros, felices amantes enamorados?
¿Quién habría si quiera imaginado nuestro
trágico desenlace?

Unas voces susurran tu nombre en el deseo.
Tentado hallo la solución rápida
que me condenaría eternamente.
Tentado de hablar contigo,
de rogarte,
de suplicarte...
tu amor ausente.

Intento recomponer mi corazón:
y te añoro en mis quimeras
convertidas ahora en monstruosas pesadillas.

Es entonces cuando mi poesía se torna en desamor,
cuando mi cantar se vuelve fúnebre
y las golondrinas al alba cambian por negros cuervos.

Rostros que ríen, que lloran o que piensan
(impasibles)
hallar la salida de este infierno.

Oh, Afrodita, diosa del amor, yo te imploro:
Cruel
eres por jugar conmigo y tener que alejarme de ella
para estar más cerca....
Cruel
eres por mostrar mis pecados con sangre y lágrimas.
Mas en este horrible juego
solo existe una condición:
echarla de menos.

Día 6 —He vuelto a soñar con ella por tercera vez. Volvíamos juntos. Además, hoy es el segundo día de mudanza.—

Soñé. Volví a soñar con ella,
soñé con la calma tras la tormenta,
con el día tras la noche,
con el sol tras las nubes.

Soñé la esperanza,
soñé la compasión
y la felicidad.
Soñé su perdón.

Y no puedo más que perderme
tras los sueños.
Deseando quedar atrapado
en ellos
para toda la eternidad.

Y amanezco en la derrotada
soledad,
rememorando sus agravios.
Recordando los errores
que la han alejado de mí.
Mas el consuelo se hace presente.
Recordando
que los sueños se cumplen.
Y yo no puedo más que soñar
en mis sueños.

Día 7 —Un día más he soñado con ella, con esta ya son cuatro
las veces. Volvíamos juntos y éramos muy felices.—

Dormiría mil y una noches para estar a tu lado,
pues en ellas el perdón existe
como existen las oportunidades.

Mas despierto. Despierto solo
en mi infierno y Hades me reclama,
siendo Caronte mi letargo
ante la llegada de Orfeo, tras mi rescate.
Pues la IRA, el DESESPERO y la TRISTEZA
se han apropiado de mi ser.

Y te suplico, Morfeo:
convierte mis sueños en realidad,
y llévame ante ella.

¡Oh, Dios mío! ¡Oh, destino!
Yo te imploro. De rodillas te imploro
que me devuelvas a mi amada.

Demostrándole día y noche mi amor,
y agradecerle noche y día su perdón.

Día 8 —Sueños y más sueños, ¿jamás terminarán?—

No supe cuánto te amaba,
hasta que te perdí.

Siempre he odiado verte partir,
pero lo que más odio es pensar
que te perdí por mi
inmadurez.

Solo quiero dormir.
Porque en los sueños
es el único lugar donde puedo decirte
cuánto te amo mientras
nos besamos.

Dicen que los cambios son buenos,
y yo quiero cambiar
para poder volver
contigo.

Dicen que te olvide,
pero eso significaría renunciar
a querer volver
contigo.

Día 9 —Sigo echándola de menos como el primer día, pero al menos los sueños no me atormentan.—

Tiempo dicen que hace falta
para olvidarme de ti, mas
un puñal en mi corazón
penetra día a día con más intensidad.

En el olvido no vivo
porque si no estás en presencia
ni tampoco en mi mente,
dejarás de existir.

En la templanza me aferro
para no hablar contigo,
para no verte, ni imaginarte.
Y día tras día, soy más fuerte,
y noche tras noche, soy más fuerte.

Cruel Cupido, yo te imploro
que dejes de herirme con tus dardos
porque mi amor por ella es eterno,
aunque no sea correspondido
nunca más.

Hades, dios de dioses,
envidias corroen por tus entrañas.
Pues la historia con mi amada tiñe de mísera
tu leyenda perseforiana.

O vosotros, Paris y Helena,
vuestro ardiente amor
raudo quebró un pueblo;
mas el mío destruyó todo
un mundo.

Dicen que volverá, dicen que no.
Y yo digo que maldigo a quien haga mal de ella
susurrándome tormentos de amores terceros.

En medio de un océano pervivo
hallando un remedio de mi muerte,
pues en el mundo encuéntrome perdido
sin su voz que me oriente.

Mas el filo de Damocles cayó
sobre mi espalda. Y herido
lanzo mi último suspiro
cantando versos
a mi amada.

En el firmamento yo
distingo una luz en la tierra
un ángel nacido del Edén.

Nunca imaginé que el amor
hiriera
y torturara hasta matar.
Pues donde besos relucían,
ahora lágrimas acongojadas
reposan.

Oh, dios Amor, suplico clemencia;
que mi corazón vuelva en sí,
y mi mente halle respiro.

Si en algún momento en mí piensas,
dulce amor,
si en algún lugar por mí lloras,
dulce amor,
o si con alguien de mí hablas,
dulce amor.
Solo piensa que con estos versos
no puedo más que decirte:
"*te echo de menos*".

Día 10 —Empiezo a perder la esperanza de que me eche de menos. Hoy he estado pensando en Princesa, nuestra perrita.—

A Princesa:

Mi perro,
el ser más fiel de la tierra.
Mi perro,
el ser más dulce del mundo.
Mi perro,
el ser más bueno del universo.

Sobran las palabras,
pues tus ojos son un puro reflejo del amor
inmenso que aguardan tras ellos.
Y dicen que los perros son los mejores amigos del hombre,
mas considero que el perro es un ser
superior a él.

Y tú, Princesa, siempre aguardaste mi llegada
con total alegría.

Y tus silencios siempre estaban llenos
de puro amor.

Día 11 —Hoy desperté con el recuerdo de sus tiernos besos.—

Aún hoy despierto
marcado por tus besos.
Aun hoy despierto
creyendo estar a tu lado.

Y sin gracias, las desgracias asolan
y el lecho aguarda solitario
(dolorosamente solitario).
Como un féretro impío
aguardando mi llegada
a las puertas del Hades.

Y yazco muerto en vida,
mas ya no respiro, suspiro;
mas ya no vivo, recuerdo.
Un recuerdo melancólico
de las aguas del amor.

Y mi corazón solo palpita
en tu memoria.
—Un dulce y triste palpitar—.

El estómago se abruma,
mis sentidos se pierden,
y mis llantos resuenan.
Y por todas partes,
enumerando mis errores,
vivo suplicándote clemencia,
como a un dios.
Como a mi diosa.
¡Como a mi amor!

Día 12 —Víspera de San Juan.—

Qué impotente me siento
al recordar esta noche,
pues esta luna llena
era nuestra.

Qué ironía siento, hoy,
al ver que nuestras almas no
se hallan juntas, que nuestro amor
se apaga y que nosotros,
en la distancia, nos ignoramos.

Yo, infeliz, manteniendo sonrisas
mientras muero por dentro
por el solo deseo de reencontrarte.
¿Qué es de ti? ¿Piensas en mí? ¿Me echas de menos?
Estas preguntas día a día me atormentan.

Mas hoy es el día, hoy, mi dulce amor,
y habría deseado verte entre mis brazos.

Mas al no poder ser,
me encuentro solo
y derrotado.

Mas al no poder ser,
tiraré cien bengalas en el aire, mil cohetes en el cielo.
Para que puedas disfrutar, mi dulce amor,
del fuego alado.

Día 13 —San Juan.—

Y despierto, sin saber nada.
Sin conocerte.

Sin una señal.

Cada vez más preguntas,
cada vez más interrogantes.
Pero el dolor persiste,
torturándome día a día.

¿Ya tienes novio? ¿Novia?
¿Ya conociste a alguien mejor que yo?
¿O, por el contrario, Cupido nos ha bendecido
con el amor más leal?

Tormentos. ¡Qué tormentos!
Solo el tiempo dirá.
Solo la paciencia brindará
una oportunidad
y mis esfuerzos no resultarán
en vano.

Y poder marcar un día menos,
para que nuestro amor vuelva a unirse.

Día 14 —Tengo todo el apoyo del mundo, aun así me siento solo sin ella. Incompleto.—

Y ahora estando en soledad,
me doy cuenta de lo que la vida
me ha regalado cada día.
Pudiendo gozar de la felicidad,
descubriendo lo que era la alegría.

Y es en los duros momentos,
cuando la voz no da para más lamentos.
Y es en los duros momentos,
cuando vives mil tormentos.
Y solo deseas que acabe este infierno...

Lo único que yo puedo hacer
es arrancar la página de este cuento
para poder ver la luz que se esconde dentro.

Y ahora que no estás,
necesito de mi tiempo
para poder descubrirme y vivir lo que pudo ser
recordando aquellos buenos tiempos.
Solo aquellos buenos tiempos.

Y te amaré. Para siempre te amaré.
En el firmamento a mil estrellas tu nombre llamaré.
Y a Dios le rogaré
que jamás pueda olvidarte,
porque eso significaría
que lo nuestro fue insignificante.

Y no quiero ni pensar
que lo nuestro fue en vano.
Que el amor se esfumó de nuestras manos
sin entender lo que ocurrió en realidad.

Y solo ahora que no estás,
me doy cuenta de que en esta vida,
si a tu pareja no la cuidas,
siempre va a florecer una dulce rosa herida.

Mas siendo demasiado tarde,
hoy descubrí que soy todo un desastre
y lo pago con cien lágrimas que arden...
Por el desamor.

Solo un deseo a Dios le pediría:
que volvieras a decirme
que me quieres hasta la luna ida y vuelta;
y así saliera el sol después de esta amarga
tormenta.

De ser así te prometería
que por siempre te amaría,
que mil besos te daría,
y la pasión se mantendría día a día.
Y la pasión se mantendría día a día.
Que por siempre te amaría...
Por siempre te amaría...

Día 15 —Hoy es un día importante en mi vida, pero no pude compartirlo con ella.—

Princesa, dulce perro.
Ser inocente que aguarda paciente la llegada de
su ama.
Dulce Princesa, de ojos melancólicos y rostro cohibido.
Ser de luz y de ilusiones que aguarda fiel a
su ama.

Jamás comprendí tu desesperada esperanza.
Jamás supe ver lo que tu voz callada gritaba.
Jamás supe ver el dolor de tus pensamientos.

Y entre lloros y lamentos
tu amor aguardaba paciente la llegada.

Y ahora te comprendo, dulce Princesa.
Ahora aguardo aquella misma llegada.
Sin hallar esperanzas en el futuro
de que vuelva
mi amada.

Día 16 —He andado por Barcelona.—

El cielo refleja en tu mirada,
las luces destellan tu ausencia.
El mar susurra tu voz al olvido
buscando una grieta en el pasado,
reviviendo eternamente el ayer…

Y ahora los arroyos destilan
lágrimas eternas de sangre.
Ahora las flores ondean tu pelo al viento en el firmamento.
Ahora.
Solo ahora el orbe fatuo revive tu grata calidez.

Y en el limbo muero vivo,
Predicando las últimas palabras que hallé en nuestra despedida:
"TE QUIERO".

Día 17 –Hoy soñé con ella.–

Felicidad. ¿Qué es la felicidad?

Es despertar a tu lado. Ver tu dulce rostro iluminado por una tenue luz que anuncia un nuevo día.

Felicidad es darte un beso de buenos días y decirte te quiero.

Felicidad es verte sonreír y mirarnos con ojos enamorados, ausentes del mundo externo. Y pensar que nuestro amor no conoce de días, ni de meses, ni de años (solo en las celebraciones), porque nuestro amor es eterno.

Felicidad es creer que soy el hombre más afortunado del mundo por estar contigo. Y que cualquier plan es perfecto si es contigo.

También es felicidad poder hacer el idiota juntos y reír, ver películas de *Hallmark* intentando acertar la trama, o salir a cenar.

Felicidad es que nos quedemos dormidos estando acurrucados en la cama mientras vemos alguna película. O escucharte cantar.

La felicidad es efímera, pero el recuerdo es eterno.

Día 18 —Fui a la playa con amigos, no pude evitar pensar en ella.—

El mar perdió su esencia,
y en la inmensidad del azul no
puedo más que recordar
la belleza de Poseidón.
Aquella belleza inquietantemente solitaria.

Y esos tonos azules viajan por mi mente,
hallando recuerdos que se materializan.
Reviviendo tiempos pretéritos.

Aquellas calas de Calella de Palafrugell,
aquellos días de caminatas bajo el carro de Apolo,
esas noches de romances.

Y los susurros del mar invocan mis lágrimas
riéndose de mis desgracias una y otra vez,
una y otra vez…
hasta el fin.

El mismo sonido, antes tensamente romántico,
tan tenue, tan apaciguador.
Ese sonido que me lleva a las noches con ella.
A las cenas en la playa,
a los besos en las estrellas.
Al mar de los anhelos perdidos.

Día 19 —Mis amigos me han dicho que no vuelva a hablar de
ella. Se me hace difícil...—

Un juramento he proclamado
ante todos mis allegados.
Que por nombrarte me maldicen
y por pensarte me torturo.
Mas, si por difunta te considero,
cualquier bien es mal hallado.

Y, aunque mil versos canten mi tristeza,
la felicidad enmascaran.

Consejos. Consejos me regalan,
la caja de Pandora en ellos guardan.
Pues en vano hablan las personas
porque jamás han sentido mis infortunios.

Y mi mente veinte tormentos aguarda:
uno por cada día que no te logro olvidar.

Y feliz espero tu llegada;
bienaventurados son tus mensajes
por pensar que sigues viva,
a pesar de mis falsas promesas.

Día 20 —Se me hace difícil hacer planes sin ella.—

Tu ausencia me recuerda
a aquellos infelices días:
cuando la corona maldita,
entre asombros y tristezas,
mostró al mundo entero
la crueldad de su ira.

Y cuanto más poderosos nos creemos,
más vulnerables nos volvemos.
Y entre día y día,
los aplausos animan los tormentos.

Mas tú y yo, infelices en la ausencia,
contábamos los días para darnos nuestro beso reencontrado.
Y en lo profundo de nuestra alma, Amor dio nuevas,
pues la Odisea en cuento infantil convertimos nuestro romance.

Y ahora, ausente de tus palabras,
de tus besos y tu amor,
el tapiz se tiñe con mis lágrimas,
mas noche y día, tejo y destejo.
Hasta volver a encontrarte, aun por toda la eternidad.

Día 21 —Hoy, en un golpe de nostalgia, recordé nuestro viaje.—

Los senderos surgen tras de mí,
marcados por tonos amarillos y verdes
bañados por la luz de ese sol de verano.

Y yo, feliz, andaba a tu lado, cogidos de la mano.
Noté el roce de aquel vestido que escondía
tu desmesurada belleza.

Un paso, dos pasos. Nos perdimos.
Pero eso no nos importaba.
¿Qué importan las calas?
¿Qué importa ese calor asfixiante?
¿Qué importa el destino?

Miré tus ojos y sabía que había encontrado
todo lo que andaba buscando.

Día 22 —Sigo recordando nuestro fantástico viaje.—

Y llegamos a nuestro destino. Entre rocas y pendientes padecimos algún rasguño. Nada grave. A pesar de todo, siempre escogimos el camino difícil, el peligroso, pero también el más divertido.

Esos riesgos que tanto nos gustaban nos llevaron hasta el mar. Y entre las rocas, dejamos nuestras cosas, y Princesa por fin retuvo un descanso (mas al ver el azul del agua, creo que estaba deseando volver).

Y fue en aquel momento cuando decidiste sumergirte, porque en aquel lugar el tiempo no existía. Ni rendimos cuentas a los demás seres que ahí habitaban. Nos teníamos a los tres. Y eso era lo único que realmente importaba.

Día 23 —Domingo melancólico.—

Andaré sin rumbo por senderos
ahora irreconocibles.
La soledad rodea todo mi ser
arrastrando sus cadenas tras de mí.
Y mis pasos —lentos— contemplan lo que atrás dejé.

¿Esperanza? Dicen que existe, mas la desconozco.
¿Fe? Siempre he tenido, mas jamás me ha servido.

Y cada paso me aleja más de ella;
de los sueños, de las pasiones,
del amor.
Y cada paso al futuro es un letargo a la ausencia.
Un retorno al pasado que tiempo ha abandoné.

Mas yo, caminante de senderos muertos,
de calles marchitas y de rutas de desamores,
quiero adelantar el ayer.

Andaré recorriendo todos los caminos
hasta volver a encontrarla,
y viajar juntos.
Una vez más.
Para siempre.

Día 24 —Hoy tuve ensayo de la película. Interpretando a mi personaje, no pude evitar recordar el momento en que la vi por última vez.—

Pude elegir odiarte
y pude elegir olvidarte,
pero siempre elegiré amarte.

Día 25 —Hoy fui a un acto literario.—

Tus caricias son
–siempre fueron–
mi poesía favorita.

Día 26 —Un día más sin ella…—

Esta vez hagamos las cosas diferente,
hagámoslo para siempre.

Día 27 —Nos llamamos por primera vez, después de casi un mes, la sentí más cerca que nunca.—

Fue el clamor de la tormenta,
fue el miedo a tu olvido,
o tal vez fue el profano amor hambriento,
que me hizo hablar contigo.

Mas si tifones y maremotos
en mi vida afligían poderosos,
calmados se reposaron
solo por tu voz.
Y las tormentas en estrellas
sonrosadas se difuminaron,
solo por tu voz.

Y volví en mí,
volví a ser feliz.
Aquella felicidad que olvidé existir.
Y, aunque por un tiempo breve,
volví a ser feliz.

Y ahora recuerdo, con más ímpetu que nunca,
aquellos días de "te quiero"
en los que yo vivía
solo por tu voz.

Día 28 —Me siento solo.—

Qué fácil dictan promesas quienes no contemplan el vacío.

Qué fácil guían a los viajeros quienes están cegados ante el desconocimiento.

Qué fácil es hablar criticando la soberbia y el pasado sin ser ni conocer.

Qué fácil es no ser yo y decir quién soy.

¡Qué fácil es olvidar!

¡Qué fácil es ser libre!

¡Qué fácil es perder!

Pero, ¡qué difícil es amar!

Día 29 —Hoy fue el bautizo de mi sobrino, el primer día que recuerdo lo que era la felicidad.—

Guían tus pasos en el firmamento,
burlando quimeras con gran esfuerzo.
Mas ser padres, en ocasiones, es un trabajo
ingrato donde solo existe vocación.
Y de ellos se cuentan mil cantares de
padres, madres,
hermanos, abuelos, sobrinos
y otros familiares.
Y sin embargo, la fortuna
me abraza en ocasiones
regalándome esta, mi familia,
con grandes bendiciones.

Día 30 —Hace un mes desde que la vi por última vez. Fue el fin de todo.—

Tiempo.
Tiempo en el firmamento, en los cielos y los mares.
Tiempo en las montañas y en los océanos.
Tiempos imperecederos, pero también mortales.
Tiempos que apuñalan, que desangran.
Tiempos que matan.

Es el tiempo la peor de las mentiras,
es engendrar la duda y la esperanza ausente.
Es creer lo erróneo y buscar la felicidad.
Es desear lo indeseable.

En otras palabras,
aceptar la muerte ante tus ojos.

Cuido los recuerdos de ese día:
cuido de tu voz, de tu mirada, de toda tú.
Cuido del último día que fuimos.
Cuido por miedo a tu ausencia desgarradora.
Cuido la esperanza de volver a andar juntos.

Historias de amor cuentan
los tristes ignorantes,
mas la realidad demuestra que el día
no reposa eternamente en el firmamento,
y la triste noche caerá dando paso
a la oscura incertidumbre.

O eso creen
quienes no han conocido realmente el amor.
Quienes desconocen la existencia de su amada.
Como ángeles bíblicos profetizando
la rauda felicidad que impera en lo intangible,
desconociendo tiempos y lugares
y permaneciendo ambos juntos
haciendo frente a todos los males imperantes.

Día a día, noche a noche.
Busco soluciones en el vacío.
Y aunque calle, mi voz grita tu auxilio.
Y aunque no te vea, mi mente te imagina
en lo más profundo de mí.

Es la esperanza de volver a andar juntos.

Mas, aunque profeticen el fin de nuestro amor,
me desvivo por hallar solución
y luchar por nuestros días.
Y los quebrantos de mi alma desean olvidar este dolor constante
y hacer frente a las tormentas.

En ellas, el yugo de lo eterno desvanece
el viento al ver tu alma renacer y tus lágrimas
alimentan el cauce eterno
de mi muerte.

Nadie puede a ti compararse,
nadie puede a ti asemejarse.
Igual que nadie puede jugar a ser Dios sin tratar de ofender.

¿O acaso las dichas de nuestro tiempo
han dejado de existir en vanos recuerdos insensatos?

Siempre alberga esperanza quien el amor abraza.
Siempre alberga fe quien en Dios cree.
Y yo, por ser creyente enamorado,
no albergo otro futuro que estar a tu lado.

Día 31 —Hoy hace varios años que nos conocimos.—

Ha pasado tanto tiempo… y parece que fue ayer cuando empezamos a hablar. Hay veces que la magia aflora en la vida de las personas, y conocerte fue uno de esos momentos. El destino nos puso ahí por una razón: éramos dos corazones rotos, dos ensamblajes vacíos… y juntos… solo juntos logramos recomponernos. Éramos un equipo, el mejor. No teníamos nada que envidiar a esas historias de amor, esos cuentos patéticos con finales felices que nunca te explican que en las relaciones siempre habrá momentos de dudas, momentos de querer tirar la toalla… pero la magia del amor radica en superar todos los obstáculos, las adversidades que se interponen en nuestro camino y mirar, con optimismo, el futuro.

Siempre recordaré nuestro primer encuentro, siempre recordaré nuestro primer beso, la primera vez que dormí en tu casa. Aquellos días en los que llegábamos a las tantas de la noche —en silencio para no despertar a tus padres—. El día que adoptamos a Princesa, nuestras vacaciones en la playa peleando contra insectos. Siempre tendré el recuerdo de tus ojos relucientemente felices por el amor. El día que decidimos empezar una nueva vida juntos. Siempre tendré presente el día que encontramos el piso perfecto, la primera vez que dormimos en nuestro hogar y aquellas navidades en que despertaba cada día a tu lado.

Y sí, me quedo con los buenos recuerdos porque son los que me hacen luchar por ti, luchar con la esperanza de que algún día vuelvan a repetirse. Pero todo eso es gracias a nuestras peores tragedias, hay que aprender de nuestros errores.

Aunque, por desgracia, errar nos hace humanos.

Día 32 —Mañana la veré.—

¿Rojo o azul?
¿Polo o camisa?
¡Qué nervios! ¡Me sonrojo!
Pues mañana, por fin, llegará el día.

La vida me sonríe,
¡Qué felicidad!

Si tú supieras,
solo si supieras mi enorme dolor,
mi gran desazón,
sin verte, sin hablarte,
solo pensarte, solo amarte.
Y es que no ha habido día, ni uno solo,
que por amor y por locura,
suplique a Dios el fin de esta tortura.

Y mañana, por fin mañana.
Con solo verte,
me harás el hombre más feliz
de este mundo.
Con solo hablarte,
me harás el ser más feliz
de este universo.
Con solo pensar en ese instante...

¡Oh! Con solo pensar en ese instante
te escribo feliz
estos versos.

Día 33 —Al final no ha podido venir. Cada día la noto más lejos.—

Hoy las llamas se apagaron,
el agua se secó.
Hoy la sombra tardía repite mi nombre
como una triste canción.
El vals ya no se baila, se sufre.
El azufre en esencia es libertad.
Hoy se ahogaron las estrellas
en la más negra oscuridad.

Voy a la guerra
sin claveles,
sin augurios de fortuna;
y aunque la corneja diestra vuela,
por siniestra doy presagios.

Y fui solo, mi princesa,
y solo volví a mi hogar.
Solo. Solo. Solo volví a llorar.

Día 34 —Mantengo mi agenda ocupada para no pensar en nada.—

¿Somos acaso una generación condenada a no querer?
¿Una generación perdida en el ocaso del amor?
La ambición nos mueve a buscar siempre lo mejor
ignorando a quien nos ama,
para luego darte cuenta de que,
lo que realmente estabas buscando,
siempre ha estado a tu lado.

Pero ya es demasiado tarde.
Lo has perdido.

Día 35 —Ninguna chica es como ella.—

Nadie es como tú.
Nadie es como tú en la felicidad,
ni en la tristeza.
Nadie es como tú en los momentos románticos,
ni en los momentos más duros.

Y es porque nadie piensa como tú,
nadie ríe como tú,
nadie ama como tú.
Porque tú eres tú.

En tus defectos y virtudes,
en lo mejor y en lo peor,
tú eres perfecta por ser tú.

Y de entre millones de chicas en el mundo,
de ti un beso anhelo.
Solo tú despiertas mi amor,
solo tú, de altar en velo,
yo, aspirando a ser alguien mejor,
amándote hasta la médula, en lo profundo.

Día 36 —Hoy voy al museo con una amiga. La gente se piensa que es una cita, ¿de verdad creen que puedo pasar página tan rápido?—

Todos buscamos el amor
pero yo,
después de haberte encontrado,
no quiero volver a hacerlo.

Día 37 —Un domingo más. Todavía recuerdo lo feliz que era de despertar a su lado y poder pasar el día juntos sin preocuparnos del trabajo.—

Tú eres quien protagoniza
mi vida
sin estar presente
en ella.

Día 38 —Hoy he paseado solo por Barcelona visitando algunos lugares donde solíamos ir juntos.—

Bailan las flores latentes,
las canciones de alta mar.
Se arrastran serpenteantes
las silenciosas serpientes en la oscuridad.
Ya tiñen de reluciente,
el zafiro en la inmortalidad.
Son sueños crecientes,
son sueños durmientes.
¡Por Dios, qué barbaridad!

Y sin embargo, en la noche no estás.
Y sin embargo, te busco sin más...
Ay, qué horror, ya no estás.
Ya no estás.
¡Solo el recuerdo es mi felicidad!

Y así, yo fui por el mundo,
aprendiendo qué es el amor.
Paranoico. Moribundo.
Extrañándote en puro terror.

Y la luna añorada crece menguante,
noche estrellada, fría y distante.
Y nuestra pasión crece presente
en aquellos suspiros latentes.

¡Es verdad! ¿Qué más da?
¿Conocernos fue pura casualidad?

Y jamás me arrepentiré.
Y jamás dejaré de amar.
Y jamás negaré
que mi amor por ti es total.

Día 39 —Hoy se me hace difícil escribir.—

Pluma en mano esgrimo estas palabras
y sangra mi alma cada una de ellas.
Mi cuerpo profanado
por cuarenta cicatrices de amor
busca clemencia con fervor.
Si antepongo mi descanso por mi esfuerzo,
¿acaso sabrás de mi lamento?

Con digno auspicio espero,
que mi cantar no sea ingrato:
pues las flores, muertas, en el tiempo,
y las canciones breves en el viento;
son estos poemas mi "te quiero".

Si lo bueno, breve, dos veces bueno,
tú y yo somos fábula.
Mil proezas ya superadas,
cien tormentas distanciadas,
y un destino alcanzado.

Pluma en mano esgrimo estas palabras
y sangra mi alma cada una de ellas.
Mas si lees mi alma desnuda,
no en vano serán estos poemas.

Día 40 —Todavía estoy esperando ese café prometido.—

La diosa Nyx reposa
ante la dulce rivera,
pues los mudos cantos de esperanza
en los sueños de Morfeo habitan.

Y ella descansa tranquila,
en mitad de esa noche
de lluvia y de viento.
Sus ojos recuerdan poesía
en un mudo suspiro.
E inquieto baila su pecho
escondido tras las sábanas de seda al tacto.

Le agarro suave la mano,
le susurro "te quiero",
y ella, dulce y plácida, mi bella dormida,
sonríe.
Y sonriendo, mi corazón se estremece
en aquella lluviosa, lluviosa noche.

Día 41 —Hoy me han sucedido cosas interesantes. Añoro cuando nos explicábamos absolutamente todo lo que nos ocurría cuando no estábamos juntos. Las llamadas eternas por teléfono y hacerla reír.—

Si a veces nos perdemos
viajando juntos,
ahora que no estás
no tengo donde ir.

Día 42 —Un viernes más. ¿Qué estará haciendo?—

Suena en lo profundo
tu voz en mis oídos,
anhelando esperanzado
poner al fin dicha en este mundo.

Todavía recuerdo esos tiempos vividos…

Cierra la luna en mis adentros,
canta triste la lluvia mis anhelos.
Morfeo presencia aquellos sueños,
reviviendo aquellos, mis mejores momentos.

Y todo vuelve a ser como ayer:
olfateando aquel aroma a puro café;
recordándole a ella cuánto la amé;
viviendo felices, ¡qué gran placer!

Y recorriendo sendas y caminos,
¿qué importa nuestro destino?

Cierro un capítulo desdichado
herido por Cupido, mi fiel aliado.
Cierro heridas del pasado
despertando, al fin, un día más a tu lado.

Y de tu esplendoroso rostro soy testimonio:
ilusionada planeas el fausto matrimonio.
Habiendo superado mil demonios,
por estar junto a nuestros hijos, ¡qué idóneo!

Y despierto. Todo era una quimera.
Pero, ¿qué importa si realmente no lo viviera?

Día 43 —Hoy he entrado a una librería y vi un libro que le encantaría, mi primer impulso fue comprarlo, aunque sabía que jamás podría dárselo. Pasé de largo y compré uno para mí.—

Aquella chica callada de dulces poesías,
aquella chica de gafas de cristal.
Dulce baila apasionada tras los cuentos del mar,
y llena de fantasías, ríe sin cesar.
Aquella chica dulce, antítesis del mal.

Pasea por la calle en pasos
elegantes, con su sincero andar.
Y a su lado, de la mano,
su voz resuena en mis adentros,
intercambiando versos enamorados,
caricias, besos y abrazos.

Y ante aquel cálido azul
de un verano ponzoñoso,
su frágil cuerpo desnudo
reposaba en el mar.
Y los pájaros brindaban ceremonias
—todo un coro celestial—.
Y el cánido dormido aguardaba
en la ribera,
mientras nuestras cartas de amor
se volvían realidad.

Día 44 —Otra vez domingo. El peor día de la semana. Mis amigos dicen que estos días se me ve más feliz; me ha alegrado oírles decir eso.—

Me dijeron que hay que luchar por lo que uno quiere,
pero, ¿y si tú no me quieres?
Tal vez hay guerras que jamás se pueden ganar,
y uno debe saber cuándo debe rendirse.

Día 45 —Fui a ver una película al cine que dijimos que veríamos juntos. La fui a ver con una amiga.—

Aunque deba,
no quiero pasar página;
quiero arrancarla y quedármela
para toda la vida.

Día 46 —Día de reunión telemática.—

No hay nada más aterrador
que escucharte decir
"estoy bien",
y desconocer tu infelicidad.

Día 47 —Último día de reuniones, empiezo a sentirme bien.—

Y en aquel tranquilo hogar,
alejado del mundo,
en ocasiones, transportado me hallaba
en un cuento de realidad.
Y pienso en ellos, antiguos suegros,
gente tranquila, de dulce harmonía.
Donde las sonrisas y las gracias abundaban,
donde su bondadosa luz relucía
por encima de las montañas,
de los valles,
de los bosques.
Y de ellos aprendí tanto,
como un hijo corresponde al trato.
Y jamás olvidaré la sonrisa de ella,
de rostro envejecido y pelo canoso.
Y entre plantas y flores, su firme pasión,
cuidaba digno aquel jardín de ensueño.
Aquel jardín tranquilo...
Y tranquilo revoloteaba,
como un cachorro, aquel perro indiano
de voluntad férrea y de gran corazón.
Padre.
Madre.
Abuela.
Perro.

De ellos aprendí que en el campo no hay lamentos. Solo hay que estar tranquilo.

Día 48 —Volví a salir de paseo y encontré lugares bonitos.—

Hacer cosas divertidas sin ti no es divertido.
Hacer locuras sin ti no es de locos.
Vivir sin ti no es vivir.

Día 49 —Después de unos días en los que parecía que iba cada vez mejor, hoy he vuelto a recaer. Inevitablemente ,he pensado en la idea de que ya está conociendo a otra persona y mi felicidad se desvaneció por completo.—

No solo te amo,
amo tu manera de amarme.

Día 50 —Hoy el día ha empezado nefasto. Medio dormido la buscaba para abrazarla y luego recordé que ya no estaba a mi lado. ¿Alguna vez me ha echado de menos? ¿Alguna vez ha pensado en mí? Por suerte, mis amigos durante el día de hoy no me han dejado solo en ningún momento.—

Es la amistad un sino ardiente,
es cruel reflejo en lo divino
y andar frecuentando peregrinos
por senderos de voces sapientes.

Son vuestras sonrisas mi presente
son descanso breve matutino,
un regalo dulce del destino
que mi alma agradece sonriente.

Es una sorpresa sopesada
que transmuta la tierra en cielo
(solo con afecto si es cuidada).

Este es el amor verdadero,
¡majestuoso se alza en el vuelo
en forjados estros lisonjeros!

Día 51 —Volví a despertar con sus recuerdos y la ansiedad se apoderó de mí. Otra vez es domingo.—

Háblame,
dime tan solo un "te echo de menos",
y prometo que iré corriendo
a buscarte.

Día 52 —Hoy fui a La Rambla debido a un ensayo para una película, fue un día divertido.—

Mirarte a los ojos
era ver un futuro repleto de felicidad
ante mí.

Día 53 —Empiezo a acostumbrarme a vivir sin ella, eso me aterra... y a la vez me alivia.—

Nihilus, dios del fuego, amaba destruir todos los bosques que encontraba en su camino. Llevado por su inmensa furia, se dice que arrasó durante meses toda la flora que asolaba en la región. Una noche, en la decimosegunda luna del decimoprimer mes, halló a Inasia, ninfa cazadora, hija de dioses, frente a un templo.

Se dice que, al ver aquel ser tan bello, la ira de Nihilus se apaciguó hasta quedar estupefacto.

La ninfa le miró a los ojos y permanecieron en silencio durante un largo instante.

Detrás de ella, aguardaban todos los animales que lograron huir de la devastación provocada por el dios ígneo.

Fue en ese instante cuando Nihilus se dio cuenta de todo lo que había provocado. Pero a ella eso no le importaba, pues vio la bondad que habitaba en el corazón del dios. Ambos cayeron enamorados el uno del otro y, durante años, la vida volvió a florecer ante la ausencia de los ataques de ira. Pues se dice que únicamente Inasia lograba apaciguarle con su voz.

Durante una noche de verano, la más calurosa que jamás se recordó (pues el carro de Apolo voló más cerca de la tierra que nunca), Nihilus se dio cuenta de que jamás había visto desnuda a la joven Ninfa. Y le rogó que se quitará sus túnicas, mas ella no cedió. Fue entonces cuando el ser de fuego, cegado por la rabia, le arrancó los suaves ropajes de seda y lino.

Nihilus no podía creer la imagen que sus ojos proyectaban, pues Inasia tenía todo el cuerpo lleno de quemaduras, algunas de ellas de extrema gravedad.

La joven Ninfa, rompió en llantos y lamentos. Pues, aunque amaba al dios del fuego, su presencia le quemaría en cuerpo y alma hasta la muerte. Y fue entonces cuando ella optó por alejarse de él para siempre.

Nihilus, tras décadas llorando su desgracia, fue al mar para hablar con Poseidón, dios de los océanos. Y rogó que le echara agua, que le inundara el cuerpo entero con su magia. Así pues, Nihilus dejaría de ser quien era, el dios del fuego, el irascible, y se convertiría en un ser de carne y hueso. Alguien mortal.

Poseidón se negó a cometer tal locura y le abandonó. Pero Nihilus no se rindió y, estando solo, sus pasos le guiaron hasta un acantilado. El dios echó la vista para abajo y saltó.

Por desgracia, su plan no dio resultado y su alma se apagó para siempre.

Y mientras desfallecía, una palabra tenía en mente: «Inasia»

Día 54 —Tuve unas ganas terribles de escribirle para desearle
buenos días, pero logré detener ese impulso.—

Y hoy empieza mi viaje en solitario,
mi camino ahora separado de ti;
y entre campos verdes aciagos de
la espesura naturaleza no puedo más
que recordar tu nombre entre mis
memorias.

El pájaro canta tu nombre,
el viento susurra tu nombre
y el río gorgotea
tu olvido.

Y entre tanto ando de día,
ante el fulgurante sol de
un verano pretérito,
cantando viajes en aquellas calas
de piedras gruesas y brillos marineros.

Y entre tanto ando de día,
entre sombras de arboledas,
entre brisas y silencios,
recorriendo en el aire castillos de arena.

Día 55 —A decir verdad, echaba de menos estar unos días
solo...—

Y por las noches me postro
entre silencios.
Recordando tus besos:
mágicos momentos
pausando nuestros besos lentos
para mirarnos a los ojos y reír.
Reír de felicidad, reír complacientes,
reír de amor. Reír de esperanza.
Mas los cuervos presagian el fin,
y como perfectos desconocidos proseguimos
sendas inciertas, macabras proezas
de un terrible mal afligido al corazón.
La tormenta perfecta.
¿Qué pudo ser? Recuerdo.
Orfeo fue al Hades rescatando a Eurídice,
Paris luchó, valiente héroe, y se enfrentó
a Esparta por el amor de Helena.

Y, como Ulises, recorreré mar y tierra,
superaré mil y una pruebas,
para volver a estar contigo,
reescribiendo nuestro destino.

Día 56 —Aunque a veces sea inevitable, no quiero volver a
pensar en que tal vez está conociendo a otra persona… y que ya
me ha olvidado.—

Hoy, peregrino de recuerdos,
viajero del pasado,
melancólico momento
en que vuelvo a detenerme ante el Liceo
—esta vez solo—,
andando aquellas Ramblas mágicas
que rebosan vida por doquier.
E intento buscarte con desespero.
Mas ya no estás.

Y sigo andando, solitario, al caer la noche en Barcelona.
Entre bares y copas bebo vino. Bebo en aquella posada
rememorando aquella noche.
Mas ya no estás.

Y volviendo a mi antiguo nuevo hogar, entre callejones,
los besos que antes ahondaban en mí, ahora los añoro.
¿Quién era el chico que te enamoró? Aquel chico
que vestía zapatos, que hablaba de vampiros,
aquel "marciano" de otro planeta.

Aquel ser, ahora de gustos modernos (de semblante
extravagante), humano fue gracias a ti.
Y aquel ser, sin embargo, volvería a las estrellas
para traerte la Luna.
Mas ya no estás.

Día 57 —Hoy soy incapaz de escribir poesía. ¡Qué frustración!—

¡Dulce amada! ¿Qué es de ti?
En mi senda oscura, crece desolada
una rosa solitaria
(triste flor marchita
ausente de la vida.
Triste flor marchita
que mis penas sostendría).
Y el cielo tiñe de grises firmamentos
aquel mural fantasioso,
aquel baldío eterno.
Siempre triste y tormentoso.
Mas la noche cae en la ciudad
y un vulgar desfile despierta:
paraguas por ahí, chapoteos por allá.
Rayos. Truenos. Lluvia sin más.
Y hállome solo en mi morada,
con una taza en mi mano
añorando estar a tu lado.
Y como el alma me grita,
por un cándido océano de velas negras,
llama la Muerte a mi ventana.
—¿Qué deseas? —Dije.
—Tu desdicha aquí acaba,
tu tormento al fin termina.

Triste gloria a Dios alaba
por la senda proclamada.
El negro cuervo señalaba;
tu alma está aterrada,
de ella, su ausencia, desangraba
tu sangre degollada.
—Cuatro días, te suplico.
Y mi vida será tuya. —Respondí intranquilo.
Y la postrera
sombra alzó el vuelo.

Día 58 —Todavía guardo algunas cajas empaquetadas de la mudanza. He empezado a sacar las cosas de la caja, a rehacer mi vida de nuevo.—

Y dándome cuenta
de que el frío esparce mi soledad
río incesante observando aquellas dulces cartas
de amor.
Enloquecido, prosigo mi camino
lejos ya de las furtivas miradas
de extraños enamorados que
—con sesgo esclavo—
caminan encadenados por sus manos.
Y mis recuerdos engalanados
suplican clemencia en vano
mientras las cajas y vivencias
se amontonan en mi hogar.
Aquellos tristes recuerdos que,
difícilmente, me cuestan afrontar.
Y el polvo con el tiempo reposa
en aquel eco del pasado lamento
de una vida feliz.
El polvo con el tiempo reposa
en cenizas de mi difunto ardid.
Mas no temo a la muerte,
pues mirarla podré a los ojos enfrentarme.

No temo a la vida,
pues infeliz la hallé en cobardía.
No temo a la soledad,
pues alma libre me puedo considerar.
Temo a tu ausencia desenamorada
condenándome a recordarte eternamente
para no ser jamás olvidada.

Día 59 —Hoy ha sido un día fantástico gracias a mis amigos y
a mi familia, hacía meses que no me reía tanto.—

La gente me pregunta por qué lucho,
por qué me empeñó en ti.
Por qué te amo con locura.
Y siempre les digo que prefiero arrepentirme
de haber hecho,
que arrepentirme de lo que podría haber hecho
y no hice.

Y si no eres el amor de mi vida,
cambiaré de vida tantas veces como haga falta
hasta que llegues a serlo.

Día 60 —Hoy he disfrutado, por primera vez, de la soledad
paseando al atardecer.—

Cuando quedamos aquella tarde despejada
brotó de mí el amor más sincero.
Y entre abrazos desconsolados, di rienda suelta
a mis sentimientos.
Entre abrazos y caricias me diste la noticia.
Nos miramos mutuamente y de tus ojos, húmedos,
el ardiente dolor de los recuerdos inundó
tu bello rostro.
Aquel día, no te reconocí. Pues me mirabas
fría. Y a pesar de estar cerca
te vi más distante que nunca.
Nuestras almas sollozaban,
pero tranquilos aparentábamos aquel día.
Y como un castillo de naipes, deseábamos estar solos
para poder desmoronarnos entre el oscuro olvido
que agitaba nuestros corazones.
Y sentí frío, como un guerrero atravesado por
el frío acero de una espada. Mas intenté quitarle
hierro al asunto. Me recompuse como pude.
Y al llegar a mi morada —solitaria y acallada—,
entendí qué es el dolor, entendí por qué se llora,
entendí por qué se sufre.

De viajes en las calas proseguí el camino,
y junto al mar ahogo mis penas
con aquella bravura propia de un, ahora ya,
ser solitario. Alguien sin corazón, pues
me lo robaron.
Alguien muerto en su interior.
Y con la corneja diestra alzando el vuelo,
las golondrinas acompáñanme en séquito fúnebre
—todos de negro— al cementerio, reparando que
mañana la Muerte se presente.
Y aquellos pasos derrotados
me guían por senderos a través del recuerdo.
Llegando a ese hogar tranquilo que siempre he deseado.
Y sin poder hallar despido, mudo observo aquella familia
tranquila.

Y prosigo mi camino,
ahora sin la compañía de Princesa, mi fiel amiga.
Corro, corro alejándome del destino,
de aquel pasado que me acongoja,
me tortura y me destroza.
Llego a un acantilado de tintes verdes
por la flora manchado. Y la llamada
del vacío se hace presente… me consuela reticente.
Miro abajo angustiado:
el mar, salvaje, está descontrolado.

Recuerdo la fábula de Nihilus e Inasia:
es mi destino. Es mi sino.
Y atormentado salto entre mis penas
embelesado en cantos de sirena
dando, por fin, fin a esta cruel tormenta.
En el vuelo breve de ese instante
recuerdo feliz a mi familia,
recuerdo feliz a mis amigos.

Son las 11:59 de la noche,
en un minuto,
la muerte estará presente.
Y mientras desfallecía, una palabra tenía en mente: «NEREIDA».

Día 61 —Dos meses sin verla. Dos meses comportándonos como extraños... y soy feliz.—

Mi alma en sueños sopesa tu belleza,
y ahora en tristes álamos caídos llora
tu rostro en vilo, de dulce delicadeza,
haciendo, mi amor, al recordarte dulces horas.
Ya van los dioses con último suspiro,
ya van aplacando mi alma al eterno zafiro.

A merced de ella daré mi lecho
de tristes recuerdos embadurnado,
—bajo la Palas un manto en beso estrecho—
incierta aguarda mi última poesía;
y esconde alas secretas de bella fantasía.
Ahora ya pálido guarda mi rostro helado,
ahora ya pálido recuerdo mi pasado.

Construyendo atrás torres en mi camino:
las pasadas deshonras del ahora,
los fúnebres errores del destino.
Y mi delgado cuerpo reposa embocado en fauna y flora;
recordando con gran esperanza zalemas matutinas,
recordando con gran esperanza este último verso a Nereida.

Día 62 —Vuelvo a ser yo.—

No había de qué preocuparse.

Índice

ESTA
PRIMERA
EDICIÓN DE *Mi*
último verso, DE ALBERT
SALMERÓN COJO, HA SIDO
IMPRESA CON PAPEL AHUE-
SADO, DE 80 GRAMOS. SE HA
UTILIZADO LA TIPOGRAFÍA GA-
RAMOND PRO. SE TERMINÓ DE
IMPRIMIR EN REPROGRÁFI-
CAS MALPE, EN EL MES DE
MARZO DEL AÑO 2024.